8727

8727

CATALOGUE

DES LIVRES

TRÈS-BIEN CONDITIONNÉS

DE FEUE MADAME DE CHOISEUL,

Dont la vente se fera les 27 et 28 Ventôse, an 10, à onze heures très-précises du matin, en sa maison, rue de Grenelle, fauxbourg Saint-Germain, n°. 375.

Les Adjudications seront faites par le Citoyen Commendeur, Commissaire-Priseur, rue Sainte-Croix-de-la-Bretonnerie, n°. 56.

———

SE DISTRIBUE A PARIS,

Chez G. Debure l'aîné, Libraire de la Bibliothèque Nationale, rue Serpente, no. 6.

AN X. === (1802.)

Le 27 Ventôse, an 10,

On vendra les nᵒˢ. 1 ═ à ═ 63.

Le 28 Ventôse,

64 ═ à ═ 126.

CATALOGUE
DES LIVRES
DE FEUE MADAME DE CHOISEUL,

THÉOLOGIE.

1) La Sainte Bible, trad. en françois, par de Sacy. *Mons*, 1713, 2 *vol. in-4. m. v.* — 12 … 19.

2. Missale Parisiense, auctoritate Ant. El. Leonis Le Clerc de Juigné editum. *Parisiis*, *in-4. v. b.* — 13 … 19.

3) Heures du Cardinal de Noailles. *Paris*, 1716, *in-8. m. r.* — 6 … 10.

4. Les Provinciales, par Pascal. *Cologne*, 1738, *in-12, m. r.* — 6 … 12.

5. Pensées de Pascal. *Amsterdam*, 1688, *in-12, m. r. l. r.* — 7 … 19.

6. La Bible enfin expliquée, par Voltaire. *Londres*, 1776, *in-8. v. éc.* — 3 … 4.

7. Le Christianisme dévoilé, par Boulanger. *Londres*, 1756, *in-8. m. v.* — 6 … 1.

SCIENCES ET ARTS.

8. Lettres sur les sciences et sur l'atlantide, par Bailly. *Paris*, 1777, 2 *vol. in-8. m. r.* — 14 … 8.

23....19 9. Livres classiques de l'empire de la Chine, recueillis par le père Noël, et publiés par l'abbé Pluquet. *Paris*, 1784, 7 *vol. in-18, v. f.*

8....1 10. Les Caractères de Théophraste, par la Bruyère. *Paris*, 1750, 2 *vol. in-12. m. v.*

1....10 11. Manuel d'Epictète, trad. du grec par Dacier. *Faris, Didot*, 1775, *in-24. v. f.*

4....1 12. Traduction de différens Traités de morale de Plutarque. *Paris*, 1777, *in-12. m. r.*

4....4 13. Les offices de Cicéron, trad. par de Barrett. *Paris, Barbou*, 1776, *in-12, v. m.*

4.... 14. Les Livres de Cicéron, de la vieillesse, &c., trad. par de Barrett. *Paris, Barbou*, 1776, *in-12. v. m.*

3....15 15. Maximes et Réflexions morales du duc de la Rochefoucauld. *Paris*, 1741, *in-12. m. r.*

6....10 16. Maximes et Réflexions morales du duc de la Rochefoucauld. *Paris, imp. roy.* 1778, *in-8. br.*

4...... 17. Mémoires philosophiques du baron de ***. *Paris*, 1777, 2 *vol. in-8. fig. v. f.*

5.... 18. Considérations sur les mœurs de ce siècle, par Duclos. *Paris*, 1764, *in-12. m. r.*

2.... 19. Le Café politique d'Amsterdam. *Amst.* 1776, 2 *vol. in-8. v. m.*

5....6 20. Dictionnaire du Citoyen, ou Abrégé historique, théorique et pratique du commerce. *Paris*, 1761, 2 *vol. in-8. m. cit.*

13....16 21. Essai philosophique, concernant l'en-

26. instruction. M^d— Hufard

28. instruction. M. de Hufard

tendement humain, trad. de l'anglois de Locke, par Coste. *Amst.* 1755, *in*-4. *m. v.*

22. De l'Esprit, par Helvétius. *Amsterdam,* 1759, 2 *vol. in*-8. *m. cit.* − − − − − − − − − 7.... 4..

23. Lettres sur les aveugles, par Diderot. *Londres,* 1749, *in*-12. *m. cit.* − − − 2.... 12..

24. Dictionnaire d'Histoire Naturelle, par Valmont de Bomare. *Paris,* 1768, 6 *vol. in*-8. *m. cit.* − − − − − − − 16.... 5..

25. Histoire Naturelle, par Mrs. de Buffon et d'Aubenton. *Paris, imp. roy.* 1749, 15 *vol. in*-4. *fig. m. bl.* − − − 64..~3..

26. Instructions sur la semence, plantation et culture des mûriers, et sur la manière de bien élever les vers à soie, par Joubert de l'Hiberderie. *Amboise Choiseul,* 1770, *in*-12. *mar. r.* − − − − − 3...

27. Essai sur l'art des jardins modernes, par Horace Walpole, trad. en franç. par le duc de Nivernois. *Strawberry - Hill,* 1785, *in*-4. *br.* − − − − − − − 5... 19 ℒ

28. Instruction sur la manière d'élever et de perfectionner les bêtes à laine, trad. du suédois de Hastfer. *Paris,* 1756, 2 *vol. in*-12. *v. f.* ══ Instruction sur les bêtes à laine de Flandre. *Paris,* 1763, *in*-12. *v. f.* ══ Moyens de rétablir en France les bonnes espèces de bêtes à laine. *Paris,* 1762, *in*-12 *v. f.* ══ Mémoire sur les laines, par Blancheville. *Paris,* 1755, *in*-12. *v. f.* − − − − − − 10 ....1..

29. Dictionnaire portatif de santé. *Paris,* 1761, 2 *vol. in*-8. *m. cit.* − − − − 11 ...~12~

30. Essai sur l'Histoire naturelle de la Gros-
sesse et de l'Accouchement, par Alphonse
Leroy. *Paris*, 1787, *in-8. m. r.*

31. Entretiens sur l'état de la musique
grecque, par l'abbé Barthélemy. *Paris*,
1777, *in-8. m. r.*

32. Traité de Musique, par Bemetzrieder.
Paris, 1776, *in-8. v. éc.*

33. Encyclopédie, par Diderot et d'Alembert. *Paris*, 1751, 21 *vol. in-fol.*, *m. r.*
Savoir : les tom. 1 —— 17 du discours et
les quatre premiers volumes des planches.

34. Recueil d'Estampes gravées d'après les
Tableaux du Cabinet de M. le Duc de
Choiseul, par les soins de M. Basan.
1771, *in-4. m. r.*

35. Collection générale des différents ou-
tils et ustensiles de Guerre, dépendans
d'un Arsenal de Marine ; dédiée à M. le
Duc de Choiseul, par Raby - Desgenets.
Brest, 1765, *in-fol.*
Manuscrit sur papier avec les figures
très-bien dessinées et lavées.

BELLES - LETTRES.

36. Monde primitif, par Court de Gebelin.
Paris, 1773, 6 *vol. in-4. v. éc.*

37. Lycée, ou Cours de littérature ancienne
et moderne, par la Harpe. *Paris*, *an 7*,
12 *vol. in-8. br.*

38. Le Théâtre des Grecs, par le P. Brumoy.

34. M. Caillard

Paris, 1763, 6 *vol. in-12. m. r.* = Tra-
gédies de Sophocle, trad. par Dupuy. 2
vol. in-12 , m. r.

39. Les OEuvres de Virgile , traduites par
l'Abbé Desfontaines. *Paris* , 1743 , 4 *vol.
in-8. m. cit.* _ . . . _ . _ . 25....

40. Les Georgiques de Virgile, traduites en
Vers Français, par Delille. *Paris* , 1770 ,
in-8. fig. m. r. _ _ _ _ 15...10..

41. Figures pour les Métamorphoses d'O-
vide , par le Mire et Basan. *un vol.
in-4. m. r.* . . _ . _ _ = 50....

42. Poésies de Malherbe. *Paris , Barbou,*
1757, *in-8. m. r.* . . _ _ _ .. 17...12..

43. OEuvres de Boileau Despreaux , avec
les Notes de Saint-Marc. *Paris* , 1747 ,
5 *vol. in-8. fig. m. cit.* _ _ _ ...65...1..

44. OEuvres de J. B. Rousseau. *Londres,*
1748 , 4 *vol. in-12, v. éc.* _ _ _ 6...16..

45. Les Saisons , Poëme, par Saint-Lam-
bert. *Amsterdam,* 1769, *in-8. fig. m. r.* _ 8....

46. Fables Nouvelles , par l'Abbé Aubert.
Paris , 1764 , *in-12, v. f.* = Les Philo-
sophes , comédie , par Palissot. *Paris*,
1760, *in-12, m. r.* _ . _ _ _ -4....1....

47. Choix de Chansons, à commencer de
celles du comte de Champagne , &c., par
Moncrif. 1757, *in-12. m. r.* . _ _ _ . 3...1..

48. Recueil de pièces de théâtre. 3 *vol.
in-8. et* 5 *vol. in-12. v. f.* _ _ _ _ 14...11..

49. Théâtre de P. Corneille, avec des commentaires, par Voltaire. 1764 , 12 *vol.
in-8. fig. m. r.* _ _ _ _ _ .... 111....

50. OEuvres de Molière. *Paris*, 1760, 8 vol. *in-12*, *fig. m. bl.*

51. OEuvres de Racine, avec les commentaires de Luneau de Boisjermain. *Paris*, 1768, 7 vol. *in-8. fig. m. bl. Pap. d'Holl.*

52. OEuvres de Regnard. *Paris*, 1758, 4 vol. *in-12. m. cit.*

53. OEuvres dramatiques de Nericault Destouches. *Paris*, 1758, 10 vol. *in-12. m. bl.*

54. OEuvres de Nivelle de la Chaussée. *Paris*, 1762, 5 vol. *in-12. m. bl.*

55. Théâtre de Saint-Foix. *Paris*, 1762, 4 vol. *in-12*, *m. r.*

56. Nouveau théâtre françois. François II, roi de France, en cinq actes. 1768, *in-8. m. r.*

57. Don Pedre, Roi de Castille, Tragédie; et autres pièces. 1775, *in-8. m. r. dent.*

58. Recueil général des Opéra représentés par l'Académie Royale de Musique. *Paris*, 1703, 16 vol. *in-12*, *fig. m. cit.*

59. Orlando Furioso, di Lod. Ariosto. *Parigi*, 1768, 4 vol. *in-12. m. cit.*

60. La Gerusalemme liberata, di Torquato Tasso. *Parigi*, 1768, 2 vol. *in-12*, *m. cit.*

61. Pastorales et Poëmes de Gessner, trad. de l'Allemand. *Paris*, 1766, *in-12. mar. cit.* ═ Idylles, par le même. *Lyon*, 1762, *in-12*, *mar. cit.*

62. Apologues et Contes orientaux, par l'Abbé Blanchet. *Paris*, 1784, *in-8. v. m.*

+ le no 51 avoit des taches il a été revendu 76 ... in 1...

50. Molière. Th. DeBure

52. Regnard. Th. De Bure

53. Destouches. Th. DeBure

54. la Chaussée. Th. DeBure

63. Il Decamerone di Giov. Boccacio. *Lon-dra*, 1757, *5 vol. in-8. fig. m. r.*   48"

64. Lettres de Milady Juliette Catesby, par Mad. Riccoboni. *Paris*, 1760, *in - 12, m. r.*   2"19⁶

65. Lettres d'une Péruvienne, par Mad. de Grafigny. *Paris*, 1761, *2 vol. in 12, m. cit.*   5"

66. Mémoires du Comte de Grammont, par Ant. Hamilton, avec des notes par Horace Walpole. *Strawberry - Hill*, 1772, *in-4. fig. m. r.*   24"1𝒟

67. La Princesse de Clèves. *Paris*, 1764, *2 vol. in-12, m. viol.*   7"2"

68. Zayde, histoire Espagnole, par Segrais. *Paris*, 1764, *2 vol. in-12, m. cit.*   6"19"

69. Réflexions critiques sur la poésie et sur la peinture, par Dubos. *Paris*, 1755, *3 vol in-12, m. cit.*   14"1"

70. Le Génie de Montesquieu. *Amsterdam*, 1762, *in-12, m. r.*   2"12

71. OEuvres de Fontenelle. *Paris*, 1767, *11 vol. in-12, m. r.*   40

72. OEuvres de Houdar de la Motte. *Paris*, 1754, *11 vol. in-12, m. v. Gr. Pap.*   48"1"

73. OEuvres de Montesquieu. *Amsterdam*, 1758, *3 vol. in-4. m. r.*   31"

74. OEuvres complettes de Voltaire. (*Genéve*) 1764, *34 vol. in 8. m. r.*   44"1"

75. OEuvres de Jean - Jacques Rousseau. 1764, *6 vol. in-8. m. cit.* == Emile, ou de l'éducation. 1762, *4 vol. in-8. m. cit.* == La Nouvelle Héloïse. 1764, *4 vol. in-8. fig. m. cit.*   48"1"

76. Mélanges de Littérature, d'Histoire, &c. par d'Alembert. *Amsterdam*, 1767, *5 vol. in-12. m. cit.*

77. OEuvres diverses de J. J. Barthelemy. *Paris, an 6, 2 vol. in-8. bro. Pap. Vél.*

78. OEuvres de Mancini Nivernois. *Paris, Didot jeune, 1796, 8 vol. in-8. br. Pap. Vél.*

79. OEuvres de Charles Palissot. *Paris, Didot jeune, 1788, 4 vol. in-8. m. r. Gr. Pap. Vél.*

80. OEuvres mélées de M. L. Dutens. *Genéve, 1784, in-8. v. f.*

81. OEuvres complettes de Frédéric II, Roi de Prusse. 1790, 17 *vol. in-8. br.*

82. OEuvres du Comte Antoine Hamilton. 1762, 4 *vol. in 12. v. m.*

83. OEuvres diverses de Pope, traduites de l'Anglois. *Amsterdam, 1767, 8 vol. in-12, fig. m. r.*

84. Lettres de Madame de Sévigné à Mad. de Grignan. *Paris, 1763, 8 vol. petit in-12, m. cit.*

85. Recueil de Lettres choisies de Madame de Sévigné. *Paris, 1751, in-12, m. bl.*

HISTOIRE.

86. La Philosophie de l'Histoire, par Voltaire. *Amsterdam, 1765, in-8. m. r.*

87. Histoire générale des Voyages, par

77. Oeuvres de Barthélemy. M. T.
78. Oeuvres de Rivarois. May. Mh.ᵗ

95. abrégé de l'hist. grecque. M. T.

l'Abbé Prevost. *Paris*, 1746 , 17 *vol. in-4. fig. m. bl.*

88. Voyage pittoresque de la Grèce , par M. de Choiseul - Gouffier. *Paris*, 1782 , 12 *cahiers in - fol. fig. bro.* ~ . . . ~ . . . . 182 ..

89. Voyages du Marquis de Chastellux , dans l'Amérique Septentrionale. *Paris*, 1786, 2 *vol. in-8. br.* ~ . ~ . ~ . ~ . ~ 2 ... 13 ..

90. Elémens de l'Histoire générale , ancienne , moderne, et de France, par Millot. *Paris*, 1772 , 12 *vol. in - 12 , v. marb.* ~ . ~ . ~ . ~ . ~ . ~ . ~ . ~ . ~ 17 . ~ 19 ..

91. Histoire ancienne des Egyptiens , etc. par Rollin. *Paris*, 1758, 14 *vol. in-12 , m. cit.* . ~ . ~ . ~ . ~ . ~ . ~ . ~ 67 ... 1.

92. Histoire d'Hérodote , traduite du grec , par M. Larcher. *Paris*, 1786 , 7 *volumes in-8. br.* ~ . ~ . ~ . ~ . ~ 42 ....

93. Voyage du Jeune Anacharsis en Grèce , par l'Abbé Barthelemy. *Paris* , 1788 , 7 *vol. in-8. et atlas, br.* . . . . . . 28 ....

94. Voyage du Jeune Anacharsis en Grèce , par l'Abbé Barthelemy. *Paris , Debure l'ainé ,* 1788, 5 *vol. in-4. , Gr. Pap. Vél. m. rouge.* . ~ . ~ . ~ . ~ . ~ . ~ 106 .... 1..

95. Abrégé de l'Histoire grecque , par l'Abbé Barthelemy. *Paris*, 1793 , *in-12 , m. r.* . . 6 .... 10 ..

96. Histoire Romaine , trad. de L. Echard. *Paris*, 1744, 16 *vol. in - 12, m. viol.* ~ 48 .... 1..

97. Histoire des Révolutions Romaines , par Vertot. *Paris* , 1767 , 3 *vol. in-12, m. bl.* ~ . ~ . . ~ . ~ . ~ 14 ....

98. Tibere , ou les six premiers livres des Annales de Tacite , traduits par de la ~ 11 .... 12 ..

Bleterie. *Paris, imprimerie royale*, 1768, 3 *vol. in-12, fig. m. r.*

99. Traduction de quelques Ouvrages de Tacite, par le même. *Paris*, 1755, 2 *vol. in-12, m. bl.*

100. Les douze Césars de Suétone, trad. par la Harpe. *Paris*, 1770, 2 *vol. in-8. m. r.*

101. Vie de l'Empereur Julien, par de la Bleterie. *Paris*, 1746, *in-12, m. cit.*

102. Histoire de la décadence et de la chûte de l'Empire Romain, traduite de Gibbon, par Leclerc de Septchesnes. *Paris*, 1777, 3 *vol. in-8., m. r.*

103. Abrégé Chronologique de l'Histoire d'Italie, par de Saint-Marc. *Paris*, 1761, 5 *vol. in-8. m. bl.*

104. Histoire de France, par Velly. *Paris*, 1764, 30 *vol. in-12, m. r. et br.*

105. Abrégé Chronologique de l'Histoire de France, par le Président Hénault. *Paris*, 1768, 2 *vol. in-8. m. bl.*

106. Observations sur l'Histoire de France, par l'Abbé de Mably. *Genéve*, 1765, 2 *vol. in-12, m. cit.*

107. Mémoires de Sully. *Londres*, 1767, 8 *vol. in-12, m. bl.*

108. Mémoires du Cardinal de Retz, Joly et Nemours. *Genéve*, 1751, 7 *vol. in-12, m. bl. et m. cit.*

109. Histoire de Louis de Bourbon, Prince de Condé, par Desormeaux. *Paris*, 1766, 4 *vol. in-12, m. r. Pap. Fort.*

110. Mémoires et Lettres de Madame de

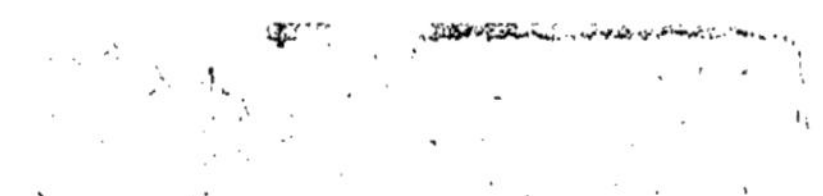

114. Mémoire sur la negociation. M. T.

116. administration des finances. M. T.
117. ... M. Caillard

122. Dissertation. M. T.

Maintenon. *Amsterdam*, 1755, 15 *vol. in*-12, *m. r.*

111. Mémoires politiques et militaires du Maréchal de Noailles, par l'Abbé Millot. *Paris*, 1777, 6 *vol.* in-12, *v. éc.* 13.... 14..

112. Histoire du procès de M. de la Chalotais. 1768, 3 *vol in*-12, *m. r.* 5....

113. Mémoires de M. le Duc de Choiseul. *Paris*, 1790, 2 *vol. in*-8. *br.* 2....

114. Mémoire Historique sur la négociation de la France et de l'Angleterre, au mois de Mars 1761. *Paris*, *imp. royale*, 1761, *in*-8., *m. r.* 4.... 19 D

115. Mémoires pour les droits du roi sur la Ville d'Avignon et le Comté Venaissin. 1769, 2 *vol. in*-8. *m. r.* 2.... 2..

116. De l'Administration des Finances de la France, par Necker. 1784, 3 *volumes in*-8., *m. v. dent. tab. Pap. d'Holl.* 16.... 19 D

117. Essais Historiques sur Paris, par Saint-Foix. *Paris*, 1766, 5 *vol. in*-12, *m. bl.* 9.... 12 D

118. Abrégé Chronologique de l'Histoire d'Allemagne. *Paris*, 1754, *in*-8. *m. cit.* 1.... 19..

119. Histoire des Maisons de Plantagenet, Tudor etc. traduite de Hume. *Amsterdam*, 1765, 7 *vol. in*-4. *m. v.* 70....

120. Histoire des Révolutions de Suède, par l'Abbé de Vertot. *Paris*, 1768, 2 *vol. in*-12, *m. bl.* ═Révolutions de Portugal, par le même. *Paris*, 1768, *in*-12, *m. bl.* 6.... 16..

121 Mémoires sur l'Ancienne Chevalerie, par de Sainte-Palaye. *Paris*, 1759, 2 *vol. in*-12, *m. r.* 6....

122. Dissertation sur une ancienne inscrip- 6.... 10 D

tion grecque , relative aux finances des Athéniens, par l'Abbé Barthelemy. *Paris,* 1792 , *in-4. br.*

123. Histoire Abrégée du Cabinet des Médailles et Antiques de la Bibliothèque Nationale , par Cointreau. *Paris,* 1800 , *in-8. fig. br.*

124 Dictionnaire Historique par L. Morery. *Paris,* 1759 , 10 *vol. in-fol. m. bl.*

125. Analyse raisonnée de Bayle. *Londres,* 1755 , 4 *vol. in-12, m. r.*

126. Dictionnaire des Portraits Historiques. *Paris,* 1768 , 3 *vol. in-8. m. bl.*

F I N.

De l'Imp. de CELLOT, rue des Gr.-Augustins, n°. 29.

LIVRES GRECS ET LATINS

Qui se trouvent chez G. DEBURE l'aîné, libraire de la Bibliothèque nationale, rue Serpente, n°. 6.

Platonis Euthydemus et Gorgias, gr. et lat. ex recens. et cum notis Mart. Jos. Routh. *Oxonii*, 1784, *in-8.*
    Idem Opus. *in-8.* ch. mag.

Archimedis quæ supersunt omnia gr. et lat. ex recens. Jos. Torelli. *Oxonii*, 1792, *in-fol.*
    Idem Opus. in-fol. ch. mag.

Dionysii Longini quæ supersunt gr. et lat. ex recens. Joan. Toupii. *Oxonii*, 1778, *in-8.*
    Idem Opus. *in-8.* ch. mag.

Æschynes et Demosthenes de corona gr. cum notis. *Oxonii*, 1801, *in-8.*
    Idem Opus. *in-8.* ch. mag.

M. Tullii Ciceronis opera cum indicibus et variis lectionibus. *Oxonii*, 1783, 10 *vol. Grand in-4. br.*

M. Tullii Ciceronis de officiis libri tres. *Londini*, 1791, *in-12.*
    Idem *in-12.* ch. mag. vélin.

Aristotelis de poetica liber. gr. et lat. ex edit. T. Winstanley. *Oxonii* 1780, *in-8.*
    Idem Opus. *in-8.* ch. mag.

Aristotelis de poetica liber. gr. et lat. edente Th. Tyrwhitt. *Oxonii*, 1794, *in-8. br.*
    Idem Opus. *in-4.* ch. mag. vélin.

Anthologia græca, versibus latinis reddita, ab Hugone Grotio, edita ab Hier. de Bosch. *Ultrajecti*, 1795, 3 *vol. in-4.*
    Idem Opus. *in-4.* ch. mag.
    Idem Opus. *in-fol.* ch. max.

Apollonii Rhodii Argonauticorum libri quatuor gr. et lat. cum not. Var. curante Joan. Shaw. *Oxonii*, 1779, *in-8.*
    Idem Opus. *in-8.* ch. mag.

Sophoclis tragœdiæ septem græce. cum animadversionibus Sam. Musgravii. *Oxonii*, 1800, 3 *vol. in-8. Pap. Vél.*
    Idem Opus. 3 *vol. in-8.* ch. mag. vélin.

Euripidis quæ extant omnia , gr. et lat. Ex edit. Musgravii. *Oxonii*, 1778, 4 *vol. gr. in-4.*

P. Virgilii Maronis opera. cum notis Chr. Got. Heynii.
Londini, 1793, 4 *vol. in-8. Gr. Pap. Vélin.*

P. Virgilii Maronis opera cum annotationum delectu.
Accedunt tabulæ geographicæ , et index Maittairia-
nus. *Oxonii*, 1795, 2 *vol. in-8.*

Idem Opus. 2 *vol. in-8.* ch. mag.

M. Annæi Lucani Pharsalia. *Glasguae* , 1785 , *in-12.*

C. Silii Italici Punica. *Londini*, 1792, 2 *vol. in-12.
Pap. Vél.* (Très-jolie édition).

Emendationes in Suidam et Hesychium , et alios lexico-
graphos græcos. Scripsit. Jo. Toup. *Oxonii, 1790 ,
4 vol. in-8.*

Xenophontis institutio Cyri , gr. et lat. Ex edit. Th.
Hutchinson. *Glasguae* , 1767 , 4 *vol. in-12.*

Titi-Livii Historiarum quæ supersunt. Ex recensione
Arn. Drakenborchii. *Oxonii*, 1800 , 6 *vol. in-12.*

Idem Opus, 6 *vol. in-12.* ch. mag. vélin.

C. Crispi Sallustii opera omnia. *Londini*, 1789, *in-8.
Pap. Vél.*

C. Julii Cæsaris commentarii. Juxta editionem Ouden
dorpii. Cum tab. et indice geographico. *Oxonii ,
1780 , in-8. fig.*

Idem Opus. *in-8.* ch. mag.

C. Julii Cæsaris opera omnia. *Londini*, 1790 , 2 *vol.
in-8. fig. Pap. Vél.*

Idem Opus. *in-8.* ch. Mag. vélin. 2 *vol.*

Caroli Sigonii fasti consulares et triumphi acti a Ro-
mulo rege usque ad Cæsarem. Cum comment. *Oxonii,
1801 , in-12.*

Idem Opus, *in-12.* ch. mag. vélin.

Ce volume fait suite au Tite-Live.

Plutarchi Chæronensis moralia , id est opera exceptis
vitis reliqua. gr. et lat. Cum animad. et notis Dan.
Wittenbach. *Oxonii*, 1795 , 5 *vol. gr. in-4. Pap.
Vél.*

Cette édition fait suite aux Vies publiées par Bryanus.

Plutarchi moralia. gr. et lat. Ex. edit. Dan. Wittenbach.
Oxonii, 1795 , 10 *vol. in-8.*

Idem Opus, 10 *vol. in-8.* ch. mag.

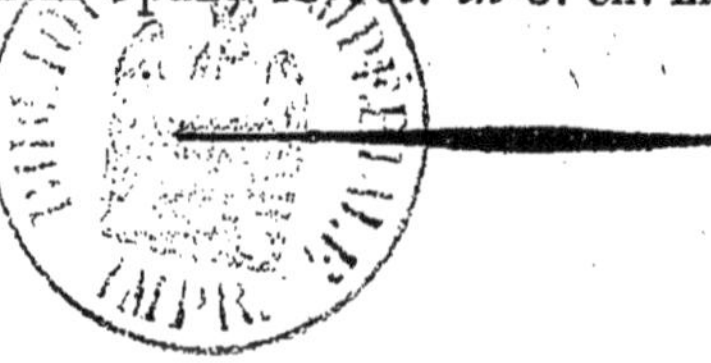

9 782014 108972